한국인이 꼭 알아야 할 K-고인돌

사진으로 보는 중부지역 고인돌

일러두기

- 사진 배치는 가능한 한 시도별, 시군별로 북쪽에서 남쪽 순으로 배치하여 고인돌의 변화 모습을 이해하도록 하였음
- 고인돌군이라고 표기한 것은 3기 이상의 고인돌이 분포한 유적에 붙인 것임
- 덮개돌 00×00×00㎝로 되어 있는 것은 덮개돌의 길이×너비×두께를 가리킴
- 중부지역의 고인돌 중 근거가 확실하고 촬영이 가능한 것을 위주로 담았음
- 전문적 내용보다는 대중에게 알리는 차원에서 가능한 한 내용을 줄였음

한국인이 꼭 알아야 할

K-고인돌

사진으로 보는 중부지역 고인돌

만든이 임창준 · 우장문 · 최형일

학연문화사

추 천 사

이 융 조

(재)한국선사문화연구원 이사장
아시아구석기학회 명예회장

　700만년 이전부터 있었던 우리 인류의 아주 먼 조상들이 아프리카를 거쳐 유럽과 아시아로 이동하면서 남긴 많은 문화유산 가운데, 독특하게 큰 돌(巨石, megalith)을 중심으로 남겨 놓은 무덤과 기념비는 숱하게 많은 신비스러움과 문제를 우리 현대인들에게도 던져주고 있다.

　특히 유럽과 아시아로 이어지는 해안가를 중심으로 분포하고 있는 고인돌(支石墓, dolmen)은 세계인의 큰 관심을 받아왔다. 한반도에 분포하는 5만 여기의 고인돌은 세계의 중심지임을 잘 보여주고 있으며, 만주지역(지금의 중국 3성)과 일본 규슈 지역까지 펼쳐있음은 우리 조상들의 삶의 터전이었다는 사실을 여실히 보여주고 있다.

　우리나라 고인돌은 한말 개방의 물결 속에 입국한 유럽학자들이 곳곳에 분포되어 있는 고인들에 대하여 자국에 소개한 것이 그 시초였다고 할 수 있다.

　우리나라 사람들의 고인돌에 대한 관심은 1961년, 충북 제천 황석리의 뜻있는 청년들이 덮개돌(蓋石) 밑에 있는 붉은간토기, 간돌검, 돌화살촉 등을 발견한 후 직접 덕수궁에 있었던 국립박물관을 방문하여 보고하면서 새로운 세계를 펼치게 된다.

　국립박물관 팀들은 황석리 유적 조사를 시작으로 전국의 15개의 유적을 선정·발굴한 결과를 발간『한국지석묘연구』(1967)를 발표함으로, 본격적인 고인돌 연구에 주춧돌 역할을 하게 되었다. 그 뒤로 이어지는 팔당댐(1972)·충주댐(1983)·주암댐(1987) 등의 수몰지역조사에 대학박물관 팀들이 대거 참여하면서 연구의 범위가 넓어지고 깊이도 더해지게 되었다.

　이러한 노력에 힘입어 고인돌 연구로 박사학위를 받은 전문가들이 활발한 연구를 진행하여, 우리나라 상고사의 중요한 문화유산임을 밝혀내는 큰 역사적인 업적을 세우게 된다. 그 결과 한반도에 있는 고인돌 유적이 전 세계의 70% 정도를 점유

하고 있다는 사실이 밝혀짐에 따라 우리 고인돌의 문화 성격이 더욱 세계적인 관심을 불러일으키게 되었고, 2000년에는 세계 문화유산으로 등록되게 된다.

이러한 시점에 우리 상고사의 주요 문화유산인 고인돌에 관한 정확하고 기본적인 사진 자료가 연구의 출발점이 된다는 사실을 숙지한 사진 전문가 임창준 원장은 특유의 관찰로 고인돌의 특징을 정확하게 분석하여 이 자료가 고인돌 연구에 도움을 줄 수 있고, 국민의 관심을 고취시킬 수 있을 것이라는 큰 그림을 가지고 고인돌 연구와 사진 촬영에 착수하였다고 하니, 그 숭엄한 자세에 큰 찬사를 보낸다. 또한 지금까지 고고학자들만의 고인돌 연구에 기술과 건축공학적인 지식을 겸비한 최형일님의 독특한 견해도 고인돌 세계에 새로운 색깔의 문화해석을 가능하게 했을 것이다.

여기에 고인돌 연구로 그간 여러 결과물을 출판하여 학계의 수준을 높인 우장문 박사는 자신의 연구 대상이었던 경기도 지역의 고인돌을 중부지역 전체에까지 확대하면서도 내용이 너무 무겁게 흐르지 않도록 이 책의 흐름을 잡아주는 역할을 하였다고 한다.

이들 세 분의 삼총사는 각기 다른 분야에 종사하고 있음에도 큰 결심으로 3년여 동안 매주 주말에 함께 답사하며 현장에서 종합토론과 분석을 하였고, 고인돌을 국제사회에 알리려는 취지에서 제목도 "K 고인돌"이라고 이름하여 "K-culture"의 중요 문화유산으로 해석을 전개한다고 하니, 이들의 노력에 큰 기대를 한다.

이 책은 우리나라 중부지방인 강원도, 충청남북도, 경기도, 인천, 서울 등지의 주요 고인돌(116개 유적)을 소개하여 탁자식 고인돌, 바둑판식 고인돌, 개석식 고인돌 등의 형태와 변화를 쉽게 이해할 수 있도록 하였다는 점 만으로도 큰 업적으로 평가된다.

앞으로 고인돌의 연구 범위를 경상도와 전라도 지역은 물론 일본과 만주 지역까지 확장하고 연구하여 책자를 계속 낼 것이라는 기대가 필자만의 바램만은 아닐 것이다. 우리 모두 이들의 학문적 열정과 집념에 큰 찬사를 보내고, 더 큰 목표를 가지고 연구에 정진할 것을 뜨거운 마음으로 응원해야 할 것이다.

머리말

수년 전 사진 작업 '기원의 장소'를 준비하던 중 고인돌을 접하게 되었습니다. 유네스코 세계 유산인 화순, 고창의 고인돌을 답사하면서 잘 알고 있다고 생각하던 고인돌이 새롭고 무겁게 느껴져서 별도의 작업으로 시작하였고, 약 3년간의 노력으로 '중부지역의 고인돌'이란 주제로 책자를 발간하게 되었습니다.

책 발간의 첫 번째 목적은 역사 전문가들에게 도움을 주고자 함이며, 두 번째 목적은 고인돌 사진을 통해서 모든 한국인에게 우리나라 상고사에 관심을 고취하고자 하는 것입니다. 조사 보고서, 발굴 보고서, 논문 등을 통해서 고인돌이 소개되었으나 좁은 범위의 고인돌만 싣는 경우가 일반적이어서 고인돌의 다양한 모습을 접하기에는 한계가 있었습니다. 그래서 중부지역에 분포하는 고인돌 사진을 다양하게 소개함으로써 고인돌을 바르게 이해할 수 있게 하여 그 가치를 높이고자 합니다.

주로 신석기, 청동기 시대의 유적인 고인돌은 그 시대 사회상을 복원하는 데 큰 역할을 하는 것으로 잘 알려져 있습니다. 그러나 4만 여기의 고인돌이 한반도 전역에 존재하고, 그 밖에도 중국의 만주지역과 일본 열도 중에서는 한반도와 가까운 규슈 지역에도 분포한다는 사실을 아는 사람은 많지 않습니다. 한반도와 만주지역에서는 고인돌과 함께 비파형 동검, 무늬없는토기 등 고조선 시기의 껴묻거리(부장품)가 함께 출토되고 있습니다. 그러므로 고인돌은 고조선의 영역을 알려주고 있는 중요한 유적이라고 할 수 있습니다. 이에 우리나라 고인돌의 정체성을 바르게 알리기 위해 'K-고인돌'이란 용어를 선택하였습니다.

고조선 후반기에는 많은 민족이 합쳐지면서 전보다 복잡한 사회를 구성하기 때문에 역사 지도에는 다양성을 반영한 표기를 해야 하는데, 이에 대한 가장 적합한

자료는 우리 조상들이 사용한 비파형 동검 등의 청동제 무기와 고인돌을 만드는 풍습으로 미송리식 토기와 더불어 고조선 공동체를 파악하는 중요한 문화유산으로 볼 수 있습니다.

탁자식 고인돌이 북쪽 지역에 주로 위치했을 것이라는 생각을 토대로 고조선의 영역을 한강 이북으로 한정하고 있는 견해가 있는데, 이러한 주장도 점차 수정되어야 할 것으로 보입니다. 만주와 북한 지역에는 탁자식 고인돌이 많고, 중부지역을 지난 전라도와 경상도 지역에는 바둑판식 고인돌이 많이 분포합니다. 중부지역은 우리나라 북부지역과 남부지역에 분포하는 고인돌 양식이 변화되고 있는 모습을 보여주는 지역으로 매우 중요함에도 북부지역과 남부지역에 비하여 상대적으로 주목받지 못하는 것이 현실이라고 할 수 있습니다.

물론 고인돌의 형태가 탁자식에서 바둑판식으로 바뀌는 지점을 단정할 수는 없지만, 중부지역에서 형식 변화가 있었음은 누구나 인정하는 사실입니다. 황해도, 평안도, 만주지역에는 탁자식이 많고, 전라도와 경상도 지역의 고인돌에서는 바둑판식을 흔히 볼 수 있기 때문인데, 중부지역에서는 변화되어 가고 있는 형태의 고인돌들이 곳곳에서 감지되고 있습니다. 이것이 이번에 중부지역의 고인돌을 주제로 삼은 이유 중의 하나입니다. 한강과 충청남북도 지역의 고인돌을 촬영하면서 탁자식에서 바둑판식으로 변해가는 모습과 바둑판식 고인돌도 확인할 수 있었습니다.

Ⅰ장 '고인돌의 이해'에서는 고인돌을 이해하기 위해서 누구라도 기본적으로 알아야 할 내용을 소개하였고, Ⅱ장 '사진으로 만나는 중부지역의 고인돌'에는 총 114곳의 고인돌 유적을 보기 쉽게 사진을 중심으로 채웠습니다. 3년에 걸친 작업에도 불구하고 중부지역의 모든 고인돌을 소개하지 못했지만, 최대한 많은 사진을 담아서 소개하기 위하여 최선을 다했다는 점을 말씀드리고 싶습니다.

<감사의 글>

　이 도서를 완성하기 위해서 많은 분의 도움과 협업이 있었습니다. 작업 초창기 어느 날엔 혼자서 찾아 나섰다가 한 기의 고인돌도 찾지 못해 위축되기도 했는데, 그 후 건축 감리 전문가 최형일 님께서 지역 확인 및 역학적 지식을 주시며 동행까지 해주어 용기를 낼 수 있었습니다. 그리고 운명처럼 만나게 된 우장문 박사님 덕분에 중부지역의 많은 고인돌을 찾아낼 수 있었고, 고인돌 전반에 관한 지식을 나눌 수도 있었습니다.

　마지막 작업 단계에서는 연세대학교 하문식 교수님 덕분에 빠져서는 안 될 고인돌들을 추가할 수 있었고, 많은 내용을 보완해주시어 본 저서가 더욱 충실해질 수 있었습니다. 그리고 새로운 직업 전선에 나아가 저술 작업에는 참여하지 못했지만 이남우님이 초창기에 함께 하지 않았다면 벌써 주저앉았을 것입니다. 고인돌을 찾는 데 많은 조언을 해주시고 추천사까지 기꺼이 써주신 한국선사문화연구원 이융조 이사장님과 자료를 제공해주신 우종윤 원장님께 감사드립니다. 또한 마지막 순간 춘천 선사유적지에서 우연히 만나 중도 고인돌 유적들을 안내해 주시며 도움을 주신 ㈜대양문화재사업부 정봉수 이사님께도 감사드립니다.

　이 책을 발간할 수 있었던 것은 무엇보다 ㈜CSWind 김성권 회장님의 지원이 있었기에 가능했습니다. 우리 문화에 관심을 가지고 지원을 아끼지 않으신 회장님께 무한한 감사를 드리며, 훌륭한 책자를 만들어주신 학연문화사 권혁재 사장님께도 감사드립니다.

　혼자 촬영을 떠나는 어떤 날에는 운전기사를 자처하기도 하고, 시도 때도 없이 답사를 나가는 남편과 일행들을 위해 항상 커피도 내려주고 간식을 준비해준 아내 문혜영 덕분에 기분 좋게 일정을 마칠 수 있었고, 이 책도 출간하게 되었습니다.

　이 자리를 빌려 늘 많은 도움에 감사하며 사랑한다는 말을 전합니다.

2023년 8월 이엔이치과 구석방에서 임창준

목차

Ⅰ. 고인돌의 이해

Ⅱ. 사진으로 만나는 중부지역 고인돌

1. 강원도

2. 경기도

3. 인천광역시

I
고인돌의
이해

1

왜 고인돌인가?

고인돌이란 큰 돌을 고이고 있다는 데에서 유래한 명칭이다. 돌을 고이고 있는 것을 괸돌이나 고인돌이라고 부르고, 돌을 세워놓은 것은 선돌이라고 부른다는 점에서 이해할 수 있을 것이다. 고인돌은 그 모양에 따라 거북바위, 두꺼비 바위, 괸바위, 독바우 등으로 부르며, 민간 신앙이나 전설에 따라 할미바위, 마귀할멈바위,

경기 연천 통현리 고인돌(탁자식)

장군바위, 칠성바위 등으로도 부른다. 중국에서는 석붕石棚, 일본에서는 지석묘支石墓라고 부르고, 유럽에서는 주로 Dolmen이라 칭한다.

우리나라에서는 지석묘라고 많이 부르다가 최근에는 고인돌이라는 용어를 더 많이 사용한다.

전남 순천 우산리 고인돌(바둑판식)

2
고인돌의 용도는 무엇일까?

　고인돌을 만든 이유에 대해서는 여러 가지 주장이 있었으나, 1962년 충북 제천 황석리 고인돌에서 완전한 사람뼈가 출토되면서 무덤 용도로 만들었다는 사실이 확인되었다. 따라서 우리나라 대부분의 고인돌은 무덤 용도로 만든 것이라고 할 수 있다. 그러나 고인돌이 모두 무덤의 기능만 한 것은 아니다. 왜냐하면 규모가 대단히 큰 화순 핑매바위 고인돌, 고창 운곡리 고인돌, 황해남도 은율 관산리 고인돌, 랴오닝성 개주 석붕산 고인돌 등은 매장을 위한 무덤이라기보다는 공동무덤을 표시하는 묘표석墓標石, 또는 종족이나 집단의 모임 장소나 의식을 행하는 제단祭壇, 혹은 기념물의 용도로 만들었을 가능성도 있기 때문이다.

사람뼈가 출토된 충북 제천 황석리 고인돌

묘표석으로 보이는 전북 고창 죽림리 고인돌

3
고인돌은 어느 시기에 만들었을까?

고인돌이 만들어진 시기가 언제부터인지는 아직도 논란은 있으나 청동기시대에 많이 만들었을 것이라는 점에는 이견이 없다. 수십 톤, 혹은 수백 톤이나 되는 고인

경남 김해 구산동 고인돌(350톤)

경기 파주 다율리·당하리 고인돌(길이 195㎝, 너비 145㎝)

돌을 만들기 위해서는 수백에서 수천 명이 동원되어야 한다는 점에서 평범한 사람들은 만들 수 없었을 것이기 때문에, 세력이 강한 지배층이 등장하는 청동기시대에 주로 만들어졌을 것이라는 주장이 일반적이다.

그러나 고인돌이 모두 규모가 1~2톤 정도의 덮개돌을 가진 작은 것도 많고, 양평 양수리 유적에서 3,900여 년 전의 숯이 발견되었다는 점과 빗살무늬토기는 물론 뗀석기가 출토되는 고인돌 유적도 있다는 점을 들어 신석기시대부터 만들어지기 시작했을 것이라는 주장도 강력한 것이 현실이다.

고인돌을 만드는 풍습이 없어진 것은 철기시대로 보는데, 대규모의 인력 동원이 농업 생산에 방해가 되는 등 비능률적인 요소들이 많았기 때문일 것이다. 그리고 흙을 이용하여 봉분을 크게 만들 수 있고, 돌을 이용해서도 더 큰 무덤인 돌무지무덤을 만들 수 있어 자취를 감춘 것으로도 보인다.

4

고인돌은 어떤 모습을 하고 있을까?

우리나라의 고인돌은 외형적 형태를 중심으로 크게 탁자식卓子式, 바둑판식[碁盤式], 개석식蓋石式으로 나누고, 그 외에 위석식圍石式, 석주식石柱式, 지상석곽식 등을 추가하기도 한다.

탁자식 고인돌은 잘 다듬어진 판돌 3매 또는 4매로 무덤방을 땅 위에 만든 후 그 위에 덮개돌을 얹어 놓은 모습이 탁자 모양을 하고 있다고 하여 붙여졌으며, 북방식北方式이라고도 부른다.

바둑판식 고인돌은 판돌을 세우거나 깬돌로 만든 무덤방을 지하에 만들고 땅 위에 받침돌을 4매에서 8매 정도를 놓은 후, 그 위에 두껍고 커다란 덮개돌을 올린 것이다. 그 모습이 마치 바둑판 같다고 하여 한자 용어로 기반식碁盤式이라고 부르며 남부지역에 집중적으로 분포하고 있어 남방식南方式이라고도 한다.

개석식 고인돌은 지하에 다양한 모양으로 만든 무덤방 위에 바로 뚜껑돌 역할의 덮개돌을 올려놓은 형식으로 우리나라에 널리 분포하고 있다.

위석식은 제주도에 주로 분포하고 있어 제주도식이라고도 부르는데 덮개돌 가

전북 고창 도산리 고인돌(탁자식 고인돌)

장자리로 작고 얇은 판돌을 빈틈없이 고여서 만드는 형식이다. 이 외에도 지상석
곽식과 석주식이 있다. 석주식은 덮개돌을 긴 돌기둥 4개 정도로 지탱하는 것인데
이런 형태의 고인돌은 묘표석으로 보기도 한다.

경남 창령 유리 고인돌(바둑판식 고인돌)

경기 양평 대석리 고인돌(개석식 고인돌)

제주 용담동 고인돌(위석식 고인돌)

덮개돌(개석)

무덤방

굄돌(받침돌)

막음돌

탁자식 고인돌 명칭(랴오닝성 해성 석목성 고인돌)

덮개돌(개석)

(지하) 무덤방

굄돌(받침돌, 지석)

바둑판식 고인돌 명칭(전북 고창 죽림리 고인돌)

덮개돌(개석)

무덤방 ———

(지하 매장)

개석식 고인돌 명칭(경기 김포 운양동 고인돌)

5

북방식·남방식 지석묘 용어는 바람직한가?

북방식 지석묘와 남방식 지석묘라는 용어를 아직도 많이 사용하고 있다. 그 이유는 고인돌에 대한 조사가 제대로 이루어지지 않은 시기에 경기도 용인 지역과 한강을 중심으로 그 이북 지역에는 탁자식 고인돌이 많이 분포하여 북방식이라는 용어를 사용했기 때문이다. 그리고 바둑판식은 한반도 남쪽에서 주로 발견되어 남방식이라고 불리었던 것이다. 그런데 고인돌에 대한 조사가 본격적으로 진행되면서 충남 홍성 금국리, 전북 고창 도산리, 전남 무안 성동리 등 전국적

충남 홍성 금국리 고인돌(탁자식 고인돌)

으로 탁자식 고인돌 분포가 확인됨으로써 남방식, 북방식이라는 명칭은 바람직하지 않은 용어가 되었다. 그래서 지역으로 나누지 말고 그 형태로 구분하는 것이 혼란을 덜 준다는 취지에서 탁자식, 바둑판식, 개석식, 위석식 등으로 부르게 된 것이다. 탁자식이 북쪽 지역에 주로 위치했다는 생각을 토대로 고조선의 영역을 한강 이북으로 한정하려는 주장도 있는데 이러한 내용도 수정되어야 할 것이다.

지석묘支石墓라는 용어도 사용을 자제하는 것이 옳다고 본다. 지석묘라는 용어는 돌을 고여서 만든 무덤이라는 뜻이다. 그런데 고인돌은 대부분 무덤의 용도로 만든 것은 사실이지만 제단이나 묘표석의 용도로 만든 것도 있기 때문이다. 지석묘라는 용어가 한자 용어이기 때문에 사용하지 않으려고 하는 것이 아니라 무덤용이라는 의미로 한정시키기 때문이다. 그래서 폭넓은 의미를 담고 있는 '고인돌'이라는 용어를 사용하는 것이 바람직할 것이다.

전북 고창 도산리 고인돌(탁자식)

전남 무안 성동리 고인돌(탁자식)

전남 나주 회진리 고인돌(탁자식)

6
지역별로 형태가 다른 이유는 무엇인가?

고인돌 형태는 탁자식, 바둑판식, 개석식, 위석식, 지상석곽식 등 다양하지만 분포나 모습에서 두드러지게 돋보이는 것은 탁자식과 바둑판식이다.

분포 범위로 보면 탁자식은 전국적으로 분포하고 있지만 대다수는 만주, 대동강

평양 강동 문흥리 고인돌(탁자식)

전북 고창 죽림리 고인돌(바둑판식)

근처, 황해도, 강화도, 파주, 포천, 연천 등지로 주로 북쪽에 위치한다. 바둑판식 고인돌은 전라도와 경상도 지역에 주로 분포한다. 지역적으로 형태가 다른 고인돌이 만들어진 것은 지역적인 풍습의 차이에서 기인한 것이다. 그럼 지역적으로 다른 풍습은 왜 만들어지는 것인가? 지금도 무덤을 만들 때 지역적인 차이를 찾아볼 수 있다. 그런데 주로 돌을 이용하여 무덤을 만들던 당시에는 자연환경에서 기인한 것이 제일 큰 원인일 것이다. 탁자식 고인돌은 얇게 떼어내기 쉬운 화강암이 많았던 지역인 한반도 북부와 만주 지역을 중심으로 만들어졌다. 탁자식 고인돌은 덮개돌, 굄돌, 막음돌을 얇게 떼어내기 쉬운 화강암을 이용하기 때문에 큰 규모로 만들 수 있는 것이다. 상대적으로 남부지역에는 질 좋은 화강암을 찾기가 어려운 경우가 많다. 따라서 탁자식 고인돌과 같이 높고 웅장한 모습으로 보이게 하기 위해서는 아주 두꺼운 덮개돌을 사용했을 것이다. 그런데 덮개돌이 두꺼우면 너무 무거워지기에 높이가 낮은 돌을 굄돌로 사용하게 된 것이다. 이렇게 어떤 돌감이 주변에 있느냐에 따라서 고인돌을 만드는 모습도 지역적으로 달랐을 것이다.

무덤 주변에 둘레돌을 까는 묘역식의 경우도 마찬가지로 지역적 풍습과 주변에 어떤 돌감이 많으냐에 따라 생겨난 것으로 생각된다.

광주광역시 용두동 고인돌(탁자식, 개석식)

전남 해남 연정리 고인돌군

7

탁자식에서 바둑판식으로
바뀌는 지점은 어디일까?

고인돌의 형태가 탁자식에서 바둑판식으로 바뀌는 지점을 꼭 집어서 단정할 수는 없다. 그렇지만 중부지역에서 이런 변화가 나타났다는 점에는 큰 이견이 없다.

오산 외삼미동 고인돌(변형된 탁자식 고인돌)

황해도, 평안도, 만주 지역의 고인돌은 탁자식이 많고, 전라도와 경상도의 고인돌에서는 바둑판식을 흔히 볼 수 있기 때문이다.

단정할 수는 없지만 변화되어 가고 있는 형태의 고인돌이 감지되는 곳을 꼽자면 경기도 화성시와 오산시의 고인돌을 통해서 일부 확인이 가능하다. 화성시 병점동과 수기리 고인돌, 오산시 외삼미동 고인돌은 모두 가까운 거리에 위치하는데 탁자식 고인돌의 굄돌을 의도적으로 눕혀서 만든 형태가 나타난다. 이와 유사한 형태의 고인돌은 하남 광암동 고인돌에서도 찾아볼 수 있다. 이러한 고인돌들은 탁자식 고인돌에서 바둑판식으로 변형되어가는 모습을 보여주는 일면이라고 생각된다.

화성 병점동 고인돌(변형된 탁자식 고인돌)

8

고인돌에 사람은 어떤 모습으로 묻혔을까?

대다수의 고인돌은 무덤 기능을 하였다. 고인돌을 발굴하면 흔치는 않지만 사람 뼈가 발견되기도 한다. 대개는 사람뼈 조각 일부만 발견되는 경우가 많으나 충북

충북 제천 황석리 충7호 고인돌(바로펴묻기)

경기 파주 덕은리 고인돌(두벌묻기나 화장장 추정)

제천 황석리 충7호와 같이 거의 온전한 상태로 발견되기도 한다.

　고인돌에서 발견된 사람뼈로 본 주검의 매장 방법은 바로펴묻기와 굽혀묻기가 있고, 이외에 화장火葬이나 두벌묻기[二次葬]를 했던 흔적도 있다. 바로펴묻기를 한 예가 제천 황석리 유적이라고 한다면 굽혀묻기를 했던 예는 달성 평촌리 유적에서 발견된 사람뼈로 그 모습을 확인할 수 있다.

　춘천 발산리와 나주 랑동 고인돌의 화장한 사례는 주검을 다른 곳에서 화장한 후에 유골만 가져다가 매장한 것이지만, 경기 광주 역동의 경우처럼 돌덧널무덤 안에서 화장한 사례도 있다. 또한, 파주 덕은리 고인돌은 무덤방이 1m 내외의 작은 것이 많은 것으로 보아 화장을 하거나 육탈 후 뼈만 모아서 두벌묻기를 했을 가능성이 높다. 화장한 흔적은 랴오닝성, 지린성, 북한에서도 많이 보고되고 있어 상당히 보편화되었던 풍습으로 보인다.

9

고인돌은 어떤 위치에 만들었을까?

　　고인돌은 산꼭대기부터 하천가의 평지에 이르기까지 다양한 장소에 분포한다. 중국 지린성의 많은 고인돌은 매우 높은 산 위에 분포하고, 강화도 고천리 고인돌의 경우에도 해발 280m의 고려산 정상에서 이어지는 능선에 수십 기가 분포하고 있으며, 대동강 유역의 석천산이나 정방산에도 수십에서 수백 기의 고인돌이 분포한다. 이런 지역에 분포하는 고인돌의 경우 고인돌을 만드는 데 필요한 돌감을 주변에서 쉽게 구할 수 있다는 데 공통점이 있다.

　　규모가 큰 고인돌의 경우에는 해발 고도가 아주 높은 곳은 축조가 어렵기에 산 끝단의 구릉지대에 분포하는 경우가 많다. 랴오닝성의 석붕산 고인돌이나 강화도 부근리 고인돌이 대표적인 예이다.

　　많은 고인돌이 강이나 하천을 중심으로 그 주변에 분포하기도 한다. 대표적인 유적으로는 전북 고창 고인돌이 있다. 서해로 흐르는 고창천 가까이 위치하는 고창 고인돌 유적에는 규모가 크고 다양한 형태의 고인돌 440여기가 위치하고 있다. 그리고 지금은 남한강 속에 수몰되어 자취를 볼 수가 없게 된 충북 제천 황석리 고

지린성 유하 집안둔 고인돌(산 정상)

인돌 유적에도 46기의 고인돌이 줄을 지어 분포하고 있었다.

계곡에 많은 고인돌이 분포하는 세계유산 화순 고인돌 유적은 춘양면 대신리 해발 65m에서 125m 사이, 도곡면 효산리 45m에서 90m 사이에 총 610여기의 고인돌이 확인된 바 있다.

평남 룡강군 석천산 고인돌(산 정상)

다양한 위치에 고인돌을 만들었으나 축조 당시 사람들은 생활 터전을 중심으로 만들었고, 사람들이 살아가는 데 가장 중요한 요소인 물과 가까운 지역을 중심으로 주로 만들었다.

인천 강화 부근리 고인돌(구릉지대)

충북 괴산 사담리 고인돌(평지)

10
고인돌은 어떤 방법으로 만들었을까?

대형 고인돌을 만든다는 것은 중장비를 이용해도 어려울 정도의 엄청난 작업이다. 크기가 작은 것도 있지만 몇 톤에서 200톤 이상이나 되는 고인돌을 순전히 사람의 힘만으로 떼어내고, 옮기고, 높은 굄돌 위로 올리는 과정을 거쳐서 만들었다는 사실은 놀라울 따름이다.

고인돌의 축조 과정에서 오랜 시간을 들여서 작업을 해야하는 과정은 덮개돌의

고인돌 만드는 순서(세계유산화순고인돌 홈페이지)

인도네시아 숨바섬 와인야쁘 고인돌(덮개돌을 옮기는 도구)

채석과 운반이다. 채석은 바위틈이나 암석의 결을 이용하여 인위적인 구멍을 파고, 이 구멍에 나무쐐기를 박아 물로 불려 떼어내는 작업이다. 다음 과정은 돌감을 운반하는 것인데 주로 지렛대식, 목도식, 끌기식과 같은 방법을 사용하였을 것으로 추정된다.

가장 어려운 과정은 굄돌 위로 덮개돌을 올리는 일이다. 굄돌의 균형을 깨지 않고 몇십 톤이나 되는 덮개돌을 끌어 올리는 것은 고도의 기술력이 없으면 불가능하기 때문이다. 덮개돌을 올리기 위해서는 굄돌의 높이보다 조금 높게 흙이나 돌 등을 이용하여 인공 언덕을 만든 다음 그 위로 끌어 올린 후에 인공 언덕을 제거하는 방법을 썼을 것이다. 그리고 굄돌 안쪽에 주검을 안치한 후 열린 부분을 얇고 넓은 돌로 막아 무덤방을 만들면 완성되는 것이다.

인도네시아 숨바섬 와인야쁘 고인돌(통나무를 이용하여 덮개돌 올림)

소요되는 노동력을 추정해보면 50톤의 덮개돌을 올린다고 가정한다면, 이를 만들기 위해서는 50톤×10명=500명이란 인원이 동원되었던 것으로 계산할 수 있다. 그리고 동원되었던 사람들의 한 가족 수를 5인이었다고 추정한다면 그 주변에는 2,500명 이상이 생활했을 것이라고 짐작할 수 있다.

11
고인돌은 왜 중요할까?

유적이나 유물을 통하여 그 문화재가 만들어진 시기의 생활상을 복원해보려는 것이 고고학이다. 고인돌은 그 모양이나 껴묻거리 등을 통하여 당시 사회상을 우리에게 알려주고 있다. 예를 들면 하남 광암동 고인돌에서 발견된 얼굴을 새긴 예술품, 양평 앙덕리 고인돌의 새 모습 예술품, 양평 문호리 고인돌의 물고기 그림 예술품, 평양 상원군 장리 고인돌의 사람 모양 예술품, 여수 오림동 고인돌에 새겨진 그림, 포항 칠포리 고인돌의 그림 등을 통해서 당시의 장례 의식이나 예술 수준 등을 엿볼 수 있다.

주목할 또 하나는 전국의 고인돌 덮개돌에서 흔히 볼 수 있

경남 함안 동촌리 고인돌(홈구멍)

는 홈구멍[性穴]이다. 어떤 목적에서 만든 것인지 확인할 방법은 없으나 홈구멍을 별자리, 풍년 기원, 자식을 바라는 염원, 병을 고치려는 바램, 고인돌 축조 후의 의식 등으로 추정하고 있다.

거대한 고인돌은 당시 사회상을 이해할 수 있게 하고, 거대한 고인돌의 형태가 수 천년간 유

경기 연천 진상리 고인돌(홈구멍)

지될 수 있도록 한 굄돌의 안기울임은 당시 사람들의 뛰어난 건축술을 잘 보여주고 있다.

또한 고인돌은 비파형 동검과 함께 고조선의 영역을 짐작하게 해준다는 점에서 매우 중요한 유적으로 꼽히기도 한다.

이렇게 고인돌은 당시의 정치, 문화, 사회상을 이해하게 해주는 것은 물론, 당시의 과학 기술과 고조선의 영역을 알려준다는 점에서 매우 위대한 문화유산이라고 하기에 손색이 없다.

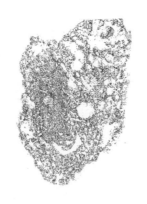

| 충북 옥천 석탄리 고인돌(얼굴) | 경기 하남 광암동 고인돌(얼굴) | 경기 양평 문호리 고인돌(새 모습) |

〈고인돌에서 발견된 예술품〉

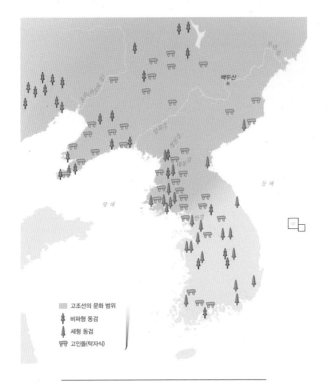

고조선의 영역을 알려주는 고인돌과 비파형 동검

검을 숭배하는 그림이 새겨진 전남 여수 오림동 고인돌

12

고인돌에는 지배자만 묻혔을까?

거대한 고인돌의 규모를 토대로 고인돌에는 지배자만 묻혔을 것으로 생각하는 사람이 많다. 물론 대단히 큰 고인돌은 많은 수의 노동력을 동원할 만한 능력이 있는 지배층의 무덤일 것이라는 점에는 이견이 없다. 그러나 440여기가 1.7㎞ 범위 안에 분포하고 있는 전북 고창 죽림리 고인돌, 화순 효산리와 대신리를 잇는 보검재 계곡을 따라 660여기의 고인돌이 밀집하여 분포하기도 하고, 12기의 작은 고인돌이 좁은 구역에 만들어진 인천 강화 오상리 고인돌 등을 모두 지배자만의 무덤이라고 보기에는 무리가 있다.

따라서, 고인돌에 묻힌 주인공은 지배자가 될 수도 있지만 아주 작게 만들어진 고인돌은 평민의 무덤이 될 수도 있고, 수십 기가 한 곳에 떼를 지어 분포하고 있는 고인돌은 가족이나 부족원들이 함께 묻혔을 가능성도 크기 때문에 지배자만의 무덤이라고 하는 생각은 잘못된 것이다.

200톤 이상의 무게를 자랑하는 화순 핑매바위 고인돌

다양한 크기의 고인돌이 분포하는 전북 고창 고인돌 공원

13

고인돌에서는 어떤 유물이 출토될까?

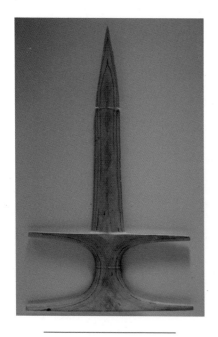

경남 김해 무계리 고인돌(간돌검)

고인돌이 주로 무덤의 용도로 만들어졌지만 그 속에서 많은 유물이 출토되지는 않는다. 특히 탁자식 고인돌에서 유물이 출토되는 경우는 매우 드물다. 그 이유는 무덤방이 거의 지상에 노출되어 있고, 세월이 지나면서 막음돌이 훼손되어 무덤방 내에 있던 껴묻거리가 없어졌을 가능성이 크기 때문이다.

따라서 무덤방이 지하에 있는 바둑판식이나 개석식 고인돌에서 상대적으로 많은 유물이 발견되는 것이다.

고인돌은 주로 무덤의 용도였기에 수천 년이 지난 지금도 사람뼈가 간혹 출토되기도 하는데 충북 제천 황석리나 강원 아우라지

전남 여수 월래동 고인돌(비파형동검)

등이 대표적이다.

그 외에 출토되는 유물로는 석기류, 토기류, 청동기류, 장신구류 등이 있다.

석기류에는 간돌검, 돌화살촉, 반달돌칼 등이 있고, 청동기류는 비파형 동검 등이 있는데 비파형 동검은 만주 지방에서 주로 출토되고, 한반도에서는 전라도 남해안을 중심으로 출토된다는 점이 주목된다. 장신구로는 곱은옥[曲玉], 대롱옥[管玉], 구슬옥[丸玉] 등이 있고, 토기류에는 붉은간토기, 무늬없는토기, 가지무늬토기 등이 있다.

14

우리나라와 외국 고인돌의 차이점은?

고인돌은 영국, 아일랜드, 스페인, 포르투갈, 프랑스, 덴마크, 독일, 네덜란드, 스웨덴, 벨기에, 러시아 등 유럽과 지중해 연안지역, 인도, 인도네시아, 베트남, 일본, 중국 등 넓은 지역에 분포하고, 우리나라의 전역에서도 발견되고 있다. 우리나라 주변 지역의 고인돌 분포를 보면 현재의 중국 영토에 해당하지만 고조선의 영역이었던 랴오닝성과 지린성에 주로 분포하고, 일본은 우리나라와 가까운 규슈 지역에서만 발견된다는 특징이 있다.

세계적으로 널리 분포하고 있는 고인돌은 지역마다 특징이 조금씩 다르지만 큰 차이는 없다.

한반도에 분포하는 고인돌의 특징은 많은 고인돌이 한 곳에 밀집되어 분포하는 경우가 많다는 점과 다양한 형태의 고인돌이 다양한 크기로 만들어졌다는 점이다. 600여기가 분포하는 일본의 고인돌은 규모가 일반적으로 작으며 우리나라의 전라도 지역 고인돌과 모양이 유사한 바둑판식과 개석식 고인돌이 주로 분포한다. 700여기가 분포하는 만주 지역에는 대형의 탁자식 고인돌이 많이 분포하는 특징이 있

전남 화순 고인돌

라오닝성 개주 석붕산 고인돌(중국)

숨바섬 와인야쁘 고인돌(인도네시아)

월트셔주 대빌스댄 고인돌(영국)

다. 인도와 인도네시아의 고인돌은 탁자식, 구유식, 석주식 등이 많이 분포한다. 유럽 고인돌의 경우에는 독자적으로 위치한 탁자식과 무덤방을 길게 연결하면서 그 위에 커다란 덮개돌을 이어놓은 모양의 고인돌이 많은 것이 특징이다. 그리고 우리나라에는 바둑판식 고인돌이 많이 분포하지만 일본을 제외한 다른 나라에는 거의 분포하지 않는다는 특징도 있다.

15
왜 우리나라에 유독 고인돌이 많을까?

유독 우리나라에 고인돌이 많은 이유는 돌감이 풍부한 것은 물론 돌 다루는 기술이 뛰어났기 때문이다. 이는 중국에는 전탑塼塔이 많고, 일본에는 목탑이 많은데 우리나라에는 석탑이 많다는 점으로 이해할 수 있을 것이다.

한반도에는 4만기 이상의 고인돌이 분포하고 있다. 최근 고인돌 분포 통계표에 의하면 강원 412기, 경기도 957기, 충북 218기, 충남 743기, 전북 1,969기, 전남 22,560기, 경북 3,125기, 경남 1,660기, 제주 105기에 북한의 고인돌 수를 합치면 4만기가 훨씬 넘는 것으로 알려지고 있다.

고인돌의 분포 양상은 주로 서해안 지역을 따라 집중적으로 밀집되어 있다. 서남부에 치우친 전라남북도 지역이 최대 밀집지이며, 다음으로 평양을 중심으로 한 대동강 유역이다. 그 외에 낙동강 유역, 경남지방, 한강 유역, 충남 서해안 지역 등에 밀집하여 분포하고 있다. 이는 해안과 강 유역을 중심으로 이동을 많이 했으며, 먹거리 해결이나 주거하기 편리한 점 등 사람들이 생활하기 좋은 조건이기에 많은 사람들이 살았을 것이다. 따라서 고인돌도 당연히 많이 만들어졌을 것이다.

세계 고인돌 분포도(세계유산 화순고인돌 홈페이지)

우리나라와 주변에 분포하는 고인돌
(고창고인돌박물관)

  고인돌 만드는 풍습이 어디에서 유래했느냐에 대해서는 청동기를 만드는 기술과 함께 전래 되었을 것이라는 북방 전래설, 벼 재배 기술과 함께 남쪽에서 들어왔다는 남방 전래설, 우리나라에서 시작되었다는 자생설 등이 있으나 우리나라에서 꽃을 피웠다는 점에는 모두 동의한다.

  한반도와 만주 지역에서는 신석기시대부터 무덤의 용도로 고인돌을 만드는 풍습이 급속히 퍼지기 시작하였고, 질 좋은 돌감과 이를 다루는 기술력이 뒷받침되면서 청동기시대에 이르러 우리 민족의 활동 무대였던 한반도와 만주 지역에 많은 고인돌이 만들어졌기에 현재 많은 고인돌이 남아 있게 된 것이다.

16
우리 고인돌은 왜 세계 문화유산이 되었나?

유네스코는 1972년부터 '세계문화 및 자연유산 보호 협약'에 따라 인류 문명과 자연사에 있어 매우 중요한 가치가 있는 유산을 전 세계 사람들이 함께 보존하여 후손에게 물려주어야 한다는 목표 아래 세계 문화유산으로 지정하여 보호·보존하고 있다. 우리나라는 1988년 이 협약에 가입하였으며 1995년 12월 종묘, 경주 불국사와 석굴암, 해인사 장경판전 등이 처음으로 세계 문화유산으로 지정된 이래로 여러 문화재가 지속적으로 지정되었으며, 고창·화순·강화 지역의 고인돌 유적은 2000년에 세계 문화유산이 되었다.

"고인돌 왕국"이라고 불릴 만큼 많고 다양한 고인돌이 세계 문화유산으로 지정되어 그 중요성과 가치를 인정받게 된 것이다.

세계유산으로 지정된 지역의 고인돌들은 몇 가지 특징을 가지고 있다. 우선 고인돌이 가장 밀집하여 분포하고 있을 뿐만 아니라 한 곳에 다양한 축조 형식이 공존하고 있다는 점이다. 또한 고인돌의 축조 과정과 발전 단계를 이해하는 데 도움이 되는 채석장 등 여러 자료가 조사되어 우리나라 고인돌의 기원과 성격을 연구

세계유산 화순 고인돌 유적의 채석장 중 한 곳으로 알려진 감태바위

하는데 중요한 자산이 되고 있다는 것이다.

유네스코는 이러한 우리나라 고인돌의 특징이 유산의 진정성과 탁월성을 고려한 등록 기준 가운데 '독특하거나 지극히 희귀하거나 혹은 아주 오래된 것'에 부합한다고 판단하여 세계 문화유산으로 지정함으로써 그 가치를 높여 주었다.

세계 곳곳에 분포하고 있는 고인돌은 축조 당시의 사회상을 잘 반영하고 있는 대표적인 유적이다. 고인돌은 커다란 돌을 가지고 거대하게 축조한 구조물이기 때문에 그 모습이 웅장하고 축조 과정에 많은 노동력이 소요되었을 것이기에 일찍부터 숭배의 대상이 되어 왔다. 우리나라는 고인돌이 동북아시아뿐만 아니라 세계적으로도 밀집도가 매우 높아서 19세기 말부터 서양 사람들이 이에 대해 많은 관심을

강화 교산리 고인돌

강화 부근리 고인돌

가지고 조사하여 서구에 소개하였다.

고인돌은 선사시대에 만들어진 여러 종류의 무덤 가운데 하나로 통과의례의 마지막 절차인 죽음을 맞아 당시 사람들이 가지고 있던 사후세계에 대한 관념 및 주검에 대한 장례 습속의 전통을 잘 보여주고 있다.

강화 고인돌 유적은 부근리 탁자식 고인돌을 비롯하여 고려산에서 북쪽으로 뻗어 내린 산기슭의 끝자락에 집중 분포하고 있다. 또 고려산 꼭대기의 산 능선을 따라 많이 분포하고 있는 고천리의 고인돌은 우리나라에서 가장 높은 곳에 위치하는데 이러한 모습들은 강화 고인돌의 특징을 잘 보여준다. 강화도 고인돌은 북한의 예성강 하류 지역에서 조사되고 있는 고인돌과 규모, 구조, 껴묻거리 등에서 비슷한 점이 많아 문화의 동질성을 시사하기도 한다.

고창 고인돌 유적은 죽림리와 상갑리를 중심으로 약 2㎞ 거리에 440여기가 있는

고창 죽림리 고인돌

고창 도산리 고인돌

데 이 지역의 특징 중 가장 특이한 것이 밀집하여 분포한다는 점이다. 그리고 고인돌의 크기나 형식이 다양하여 고인돌의 기원과 변천 과정을 살펴볼 수 있게 하는 자료가 되기도 한다. 죽림리 고인돌 유적의 부근 산기슭에서는 고인돌의 덮개돌을 채석한 흔적이 조사되었다. 이것을 바탕으로 고인돌을 만들기 위해 큰 돌을 옮긴 과정과 방법은 물론 축조 과정을 알 수 있어 앞으로 당시 사회의 복원에 중요한 토대가 될 것이다.

화순 고인돌 유적은 효산리와 대신리를 중심으로 610여기가 산 계곡을 따라 분포하고 있어 주변의 지세와 함께 어우러진 모습이 돋보인다. 이러한 자연 친화적인 모습은 옛사람들이 고인돌을 "괴바우"·"고양이 바위"·"핑매바위"라고 부르고 있는 점에서도 잘 나타난다. 이곳의 고인돌은 다른 지역과는 비교할 수 없을 만큼 덮

화순 괴바위 고인돌

개돌이 큰 것이 많다는 점, 다양한 형식이 한 곳에 섞여 있다는 점, 축조 당시 사람
들이 살림에 쓴 껴묻거리가 다양하게 찾아진다는 점 등을 특징으로 꼽을 수 있다.

화순 감태바위 아래 고인돌

II
사진으로
만나는
중부지역
고인돌

위치: 강원도 고성군 거진읍 화포리 596번지(화진포 주변)

특징

• 탁자식 고인돌

• 덮개돌 250×240×33~40㎝

뒷면

덮개돌을 다듬은 흔적

근처 죽정리 고인돌

양구 고대리 고인돌군

위치: 강원도 양구군 양구읍 고대리 607-1번지 일대(고대리 ㄴ지구, 3호)

특징

- 탁자식 고인돌
- 강원도 기념물, 덮개돌 절단
- 덮개돌 472×391×63㎝

전경

옆면

고대리 고인돌 1호(양구선사박물관)

양구 공수리 고인돌군

위치: 강원도 양구군 양구읍 공수리 일대(10호, 양구선사박물관 이전 복원)

특징

• 탁자식 고인돌

• 강원도 문화재자료, 덮개돌 절단, 주변에서 돌도끼 발견

• 덮개돌 175×114×46㎝(일부)

양구선사박물관 야외에 복원된 공수리 고인돌군

1호 고인돌

9호 고인돌

양구 송청리 고인돌

위치: 강원도 양구군 양구읍 송청리 111번지(이전된 현 위치)

특징

- 탁자식 고인돌
- 이전 복원되어 원형 변형
- 덮개돌 314×217×43㎝

전경

옆모습

양구 송우리 고인돌군

위치: 강원도 양구군 남면 송우리 336번지

특징

- 탁자식 고인돌
- 하우스를 만들면서 원형이 심하게 훼손
- 덮개돌 400×200×95㎝ 정도

하우스 사이에 놓인 덮개돌

하우스 속 고인돌

철원 토성리 고인돌

위치: 강원도 철원군 갈말읍 토성길 87번지(토성리 1호)

특징

• 탁자식 고인돌

• 강원도 기념물, 굄돌 3개, 홈구멍 2개

• 덮개돌 410×308×26㎝

전경

덮개돌의 홈구멍

2호 고인돌

철원 문혜리 고인돌

위치: 43번 국도변의 갈말농협미곡종합처리장 근처에 복원

　　　(원위치: 강원도 철원군 갈말읍 문혜리 655-2)

특징

- 탁자식 고인돌
- 하부 구조 유실로 이전 과정에서 굄돌을 만들어 복원함
- 덮개돌 205×171×52㎝

이전 복원한 모습(윗쪽에서)

사각에서 본 모습

1. 강원도　철원 군탄리 고인돌

위치: 강원도 철원군 갈말읍 호국로 4927-1번지

특징

- 탁자식 고인돌
- 덮개돌 없어짐, 굄돌 크기 260×100×35㎝

촬영 모습

앞면

옆면

위치: 강원도 춘천시 신북읍 천전리 685-7번지(현존 5기 중 1호)

특징

• 탁자식 고인돌

• 강원도 기념물, 돌화살촉, 무늬없는토기, 대롱구슬 등 출토

• 덮개돌 260×220×45㎝

2호(앞), 1호(뒤) 고인돌

2호, 3호, 4호, 5호 고인돌(앞쪽부터)

춘천 중도 고인돌군1

위치: 강원도 춘천시 중도동 430-29번지(C2-3호)

특징

• 묘역식 고인돌

• 발굴 후 복원

• 무덤방 103(길이)×45(너비)×50(깊이)cm

일부 복원한 묘역식 고인돌

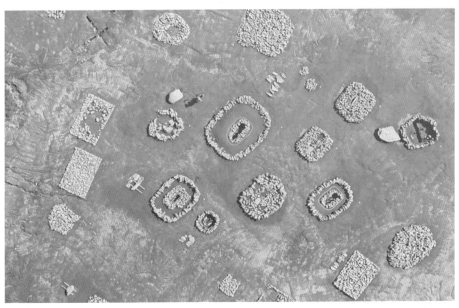

덮개돌을 들어낸 후의 다양한 모습(현지 안내판 사진)

춘천 중도 고인돌군2

위치: 춘천시 중도동 595-7번지로 이전 복원(원위치: 강원도 춘천시 하중도)

특징

• 탁자식 고인돌

• 적석 있음, 돌화살촉, 화장된 어린이 뼈 출토

• 덮개돌 125×85×21㎝

중도 고인돌 공원 전경

중도 4호 고인돌

영월 외룡리 고인돌

위치: 강원도 영월군 김삿갓면 외룡리 232-1번지

특징

- 개석식 고인돌
- 홈구멍 15개
- 덮개돌 195×140×45cm

1호(우), 2호(좌)

2호 고인돌

연천 차탄리 고인돌

위치: 경기도 연천군 연천읍 차탄2리 228-31번지

특징

- 탁자식 고인돌
- 경기도 기념물
- 덮개돌 560×350×60㎝

전경

윗면

위치: 경기도 연천군 연천읍 통현2리 339-1번지(1호)

특징

- 탁자식 고인돌
- 경기도 문화재자료
- 덮개돌 330×220×40㎝

앞면

2호 고인돌

연천 진상리 고인돌

위치: 경기도 연천군 군남면 진상리 723-1번지(현재 연천고인돌공원 이전)

특징

• 개석식 고인돌

• 100개 이상의 홈구멍

• 덮개돌 270×240×30~66㎝

1호 덮개돌의 홈구멍

2호 고인돌

연천 양원리 고인돌

위치: 경기도 연천군 전곡읍 양원리 408-4번지

특징

· 탁자식 고인돌

· 경기도 기념물

· 덮개돌 380×340×45㎝

뒷면

옆면

2. 경기도　연천 학곡리 고인돌

위치: 경기도 연천군 백학면 학곡리 273-3번지

특징

• 탁자식 고인돌

• 경기도 기념물, 덮개돌 윗부분이 오목함, 육각형

• 덮개돌 280×270×45㎝

앞면

옆면

위치: 경기도 포천시 수입2리 13-5번지

특징

• 탁자식 고인돌

• 포천시 향토유적

• 덮개돌 330×280×36~44㎝

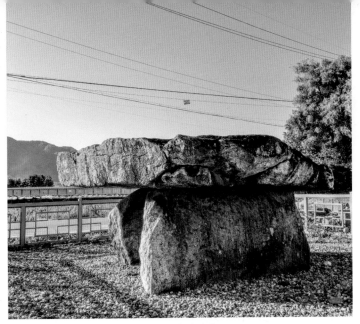

동쪽에서의 모습

앞면

뒷면

위치: 경기 포천시 자작동 251-2번지

특징

- 탁자식 고인돌
- 포천시 향토유적, 굄돌이 모두 남아 있음(막음돌 일부 훼손)
- 덮개돌 427×347×55㎝

옆면

옆면

뒷면

2. 경기도 포천 금현리 고인돌

위치: 경기 포천시 금현리 304-10번지

특징

- 탁자식 고인돌
- 경기도 문화재자료, 옆과 뒤의 굄돌 세 개가 남아 있음
- 덮개돌 크기 580×490×50㎝

전경

앞면

옆면

위치: 경기도 파주시 교하면 당하리 산4-1번지

특징

• 개석식 고인돌

• 경기도 기념물

• 덮개돌 285×218×49㎝

다율리3호(경기도박물관 이전 복원, 원 위치: 파주군 교하면 다율리 산1-29)

다율리 고인돌(온양민속박물관에 이전 복원)

위치: 경기도 파주시 월롱면 덕은리 산46-1번지

특징

• 탁자식 고인돌

• 사적

• 덮개돌 210×160×30㎝

정상에 분포한 고인돌

정상에서 아래로 분포 모습

김포 고정동 고인돌군

위치: 경기도 김포시 통진면 고정동 산114-3번지

특징

• 탁자식 고인돌

• 경기도 기념물

• 덮개돌 221×190×75㎝

전경(위로부터 흰색 덮개돌의 1, 2, 3호)

다듬은 흔적이 잘 보이는 덮개돌

위치: 경기도 김포시 운양동 314-2번지

특징

• 개석식 고인돌

• 덮개돌 250×210×40㎝

덮개돌 모습

2003년 모습

2. 경기도 고양 화정동 고인돌군

위치: 경기도 고양시 덕양구 화정동 지렁산 산78-23번지

특징

• 개석식 고인돌
• 덮개돌 237×140×55㎝

화정동 국사봉 고인돌

화정동 국사봉 고인돌 반대쪽

하남 광암동 고인돌군

위치: 하남역사박물관(원위치: 경기도 하남시 광암동 산114-3번지, 2호)

특징

- 개석식 고인돌
- 갈돌과 갈판 출토 및 사람 얼굴이 새겨진 돌 발견
- 덮개돌 140×160×50㎝

1호 고인돌

3호 고인돌

2. 경기도　광명 철산동 고인돌

위치: 경기도 광명시 철산동 222-1번지

특징

• 탁자식 고인돌

• 덮개돌 292×185×72~88㎝

전경

뒷모습

광명 가학동 고인돌군

위치: 경기도 광명시 가학동 산 104번지

특징

• 탁자식 고인돌

• 경기도 문화재자료, 주변에서 가락바퀴, 무늬없는토기 조각, 돌화살촉,
  반달돌칼 등 출토

• 덮개돌 287×227×65㎝

전경

다양한 고인돌

2. 경기도　양평 양수리 고인돌군

위치: 경기도 양평군 양서면 양수리 두물머리 일대

특징

• 탁자식 고인돌

• 발굴 후 흩어져 있던 덮개돌 중 하나를 이용하여 복원

전경

홈구멍이 있는 주변 고인돌

위치: 경기도 양평군 강상면 대석리 7번지

특징

• 개석식 고인돌

• 양평군 향토유적

• 덮개돌 240×160×50㎝

전경

절단된 7호 고인돌

위치: 연세대학교 박물관 근처 복원(원위치: 경기도 양평군 개군면 앙덕리 31-9번지)

특징

• 개석식 고인돌

• 사람뼈 조각, 붉은 흙, 돼지 모양 예술품, 뗀석기 등

• 덮개돌 220×170×30~50㎝

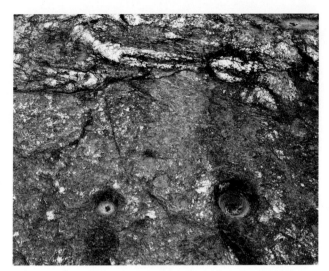

덮개돌 홈구멍

앙덕리 마을 고인돌 공원 조성

2. 경기도 시흥 조남동 고인돌

위치: 경기도 시흥시 조남동 408-4번지

특징

- 탁자식 고인돌
- 경기도 기념물, 홈구멍 22개
- 덮개돌 400×284×83㎝

전경

뒷면

덮개돌의 홈구멍

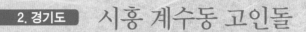

2. 경기도　시흥 계수동 고인돌

위치: 경기도 시흥시 계수동 산258-1번지

특징

• 바둑판식 고인돌

• 간돌끌, 무늬없는토기 조각 등이 주변에서 출토

• 덮개돌 320×270×40㎝

옆면과 윗면

전경

계수동 고인돌(이동 전, 2002)

광주 산이리 고인돌

위치: 경기도 광주시 초월읍 산이리 236-1번지(이전 복원됨)

특징

- 탁자식 고인돌
- 광주시 기념물
- 홈구멍 5개
- 덮개돌 620×390×70㎝

무덤방과 덮개돌

옆면

2. 경기도 　광주 궁평리 고인돌

위치: 음성고속도로 휴게소에 복원(원위치: 경기도 광주시 도척면 궁평리 458 궁뜰마을)

특징

- 탁자식 고인돌
- 홈구멍 5개
- 덮개돌 460×350×35㎝

정면

옆면

성남 분당 중앙공원 고인돌군

위치: 경기도 성남시 분당구 수내동 산1-2번지

특징

- 개석식 고인돌, 탁자식 고인돌
- 분당 신도시 개발 때 발굴한 170여기의 고인돌 중 고인돌로 추정되는 10기를 이전 복원(분당동 2기, 야탑동 5기, 도촌동 3기)
- 덮개돌 최대 415×250×60㎝, 최소 120×130×40㎝

파노라마로 본 전경

굄돌이 보이는 고인돌

안양 평촌동 고인돌군

위치: 갈산동 1112번지 자유공원 내, 평촌아트홀 옆

　　　(원위치: 경기도 안양시 동안구 평촌대로 76번지)

특징

• 바둑판식 고인돌

• 안양시 향토문화재

• 덮개돌 370×260×75㎝

가장 오른쪽에 위치한 고인돌

전경

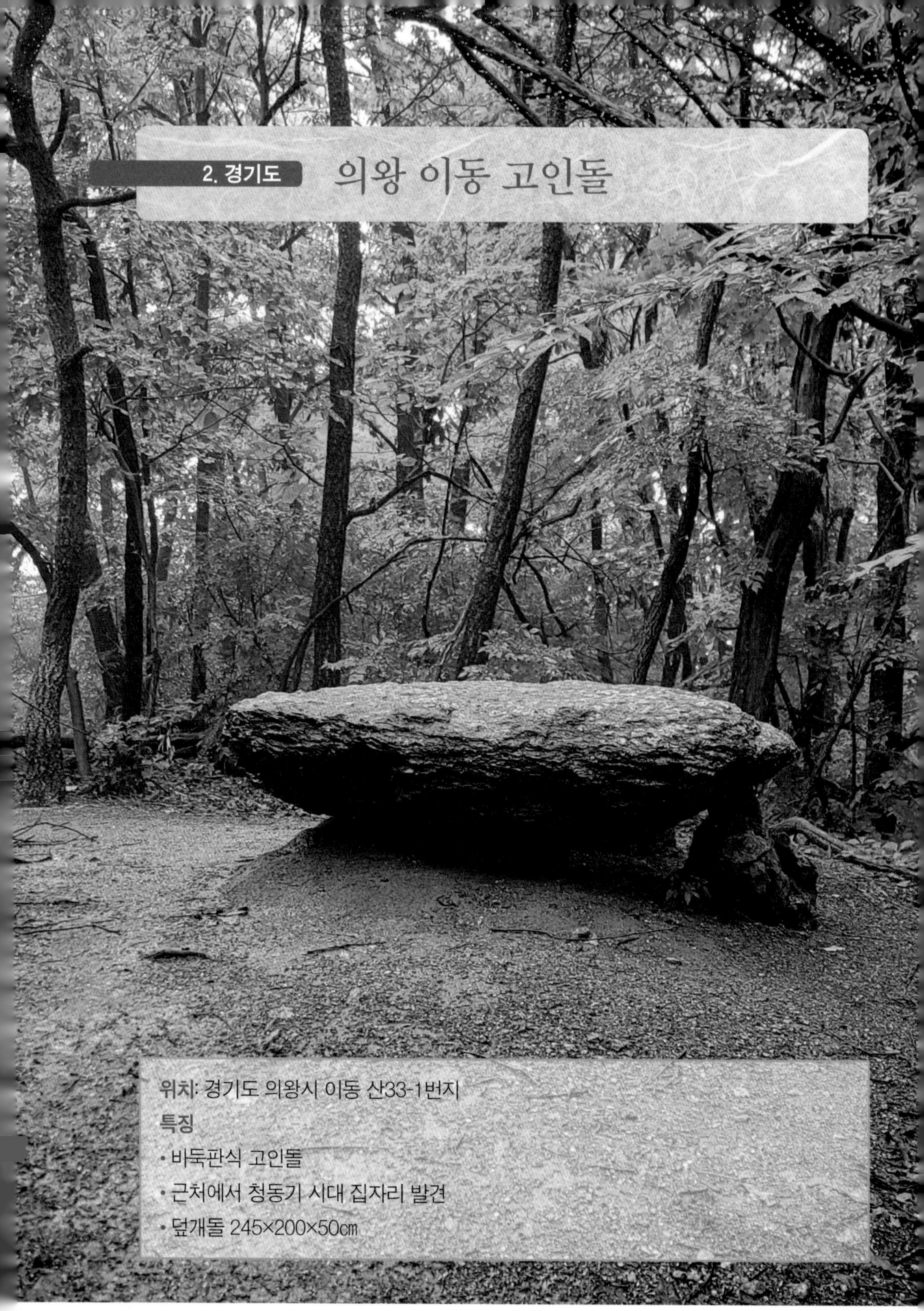

2. 경기도

의왕 이동 고인돌

위치: 경기도 의왕시 이동 산33-1번지

특징

- 바둑판식 고인돌
- 근처에서 청동기 시대 집자리 발견
- 덮개돌 245×200×50㎝

능선 위에 위치한 고인돌

굄돌 모습

위치: 경기도박물관 야외 전시(원위치: 경기도 안산시 선부동 산32번지)

특징

• 탁자식 고인돌

• 덮개돌 285×190×65cm

옆면

뒷면

수원 팔달산 고인돌군

위치: 경기도 수원시 팔달구 교동 산1-1번지(2호)

특징

• 개석식 고인돌

• 경기도 기념물, 주변에서 간돌검 수습

• 덮개돌 200×110×60㎝

1호(우), 2호(좌) 고인돌

2호(좌), 3호(우) 고인돌

2. 경기도　수원 금곡동 고인돌

위치: 수원박물관 야외 복원(원위치: 경기도 수원시 권선구 금곡동 247-2번지)
특징
- 탁자식 고인돌
- 홈구멍 11개
- 덮개돌 320×270×80㎝

원경

근경

수원 이의동 고인돌

위치: 수원광교박물관 야외(원위치: 경기도 수원시 영통구 이의동 183번지)

특징

• 개석식 고인돌

• 홈구멍 40여개

• 덮개돌 280×260×70㎝

앞모습

덮개돌 홈구멍

2. 경기도 여주 신접리 고인돌

위치: 신륵사 입구 정원(원위치: 경기도 여주시 북내면 신접리 56-1번지)

특징

• 탁자식 고인돌

• 덮개돌 200×184×30㎝

앞면

옆면

용인 왕산리(모현) 고인돌

위치: 경기도 용인시 모현읍 왕산리 498번지(1호)

특징

- 탁자식 고인돌
- 경기도 기념물, 2기의 고인돌 외에도 고인돌 흔적이 보임
- 덮개돌 550×440×100㎝

전경(앞 2호, 뒤 1호)

1호 고인돌(앞면)

2호 고인돌(옆면)

용인 주북리 고인돌

위치: 경기도 용인시 양지면 주북리 825번지

특징

• 탁자식 고인돌

• 경기도 문화재자료, 굄돌이 낮음, 주변에 파괴된 고인돌 있음

• 덮개돌 280×250×50㎝

앞쪽   옆면

전경

용인 상하리 고인돌

위치: 경기도 용인시 구성읍 상하동 678번지(원위치: 경기도 용인시 구성읍 상하동 362-1번지)

특징

- 탁자식 고인돌
- 덮개돌 일부 파손
- 덮개돌 317×180×105㎝

이동 전의 모습(2009)

이동 전의 모습(2003)

이동 전의 모습(2003)

용인 맹리 고인돌

위치: 경기도 용인시 처인구 원삼면 맹리 352-9번지

특징

- 개석식 고인돌
- 경기도 문화재자료, 홈구멍 30여개
- 덮개돌 320×350×60㎝

전경

홈구멍

분리된 덮개돌

용인 장평리 고인돌

위치: 경기도 용인시 백암면 장평리 산 11-1번지

특징

• 개석식 고인돌

• 홈구멍 100여개

• 덮개돌 195×155×33㎝

덮개돌 홈구멍

옆면에도 새겨진 홈구멍

이천 현방리 고인돌군

위치: 경기도 이천시 백사면 현방리 87-34번지

특징
- 개석식 고인돌
- 홈구멍 89개
- 덮개돌 420×300×70㎝

홈구멍

현방리 거문바위공원 고인돌군 전경

이천 지석리(수하리) 고인돌

위치: 경기도 이천시 신둔면 수하리 746-2번지

특징

• 탁자식 고인돌

• 이천시 향토유적

• 덮개돌 400×240×75~80㎝

뒷면

옆면

이천 남정리 고인돌

위치: 경기도 이천시 신둔면 수하리 746-2번지(원위치: 이천시 남정리)

특징

- 개석식 고인돌
- 홈구멍 135개
- 덮개돌 300×225×80㎝

홈구멍

옆면

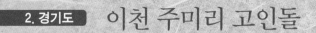

2. 경기도　이천 주미리 고인돌

위치: 경기도 이천시 신둔면 수하리 746-2번지

(원위치: 이천시 안평 ~ 송갈간 도로 확장 공사 구간)

특징
- 개석식 고인돌
- 홈구멍 수백개
- 덮개돌 296×168×96㎝

홈구멍이 가득 새겨진 1호 덮개돌

2호 고인돌

2. 경기도 화성 병점동 고인돌군

위치: 경기도 화성시 병점동 864-1번지(공원부지)

특징

• 변형된 탁자식 고인돌

• 화성시 기념물

• 덮개돌 230×168×33~60㎝

전경

4호 고인돌

위치: 경기도 오산시 외삼미동 384번지

특징

• 변형된 탁자식 고인돌

• 경기도 기념물, 홈구멍 10개 정도, 개석식 고인돌과 함께 있음

• 덮개돌 260×230×70~90㎝

개석식 고인돌과 함께하는 전경

덮개돌의 홈구멍

옆 모습(1997 촬영)

2. 경기도　오산 금암동 고인돌군

위치: 경기도 오산시 금암동 172-1번지 주변

특징

- 개석식 고인돌(1호)
- 경기도 기념물, 주변에 10 여기가 산재
- 덮개돌 440×320×145㎝

6호 고인돌

7호 고인돌

고인돌 공원 전경

오산 가장동 고인돌

위치: 경기도 오산시 가장동 166-5번지
특징
• 개석식 고인돌
• 주변 개발로 위태로운 상황
• 덮개돌 470×440×80㎝

원경

덮개돌 모습

위치: 경기도 안성시 만정리 산127-1임(2호)

특징

• 개석식 고인돌

• 아파트 단지 조성으로 없어짐(안성 문화재공원에 모형 만들어 놓았음), 홈구멍 150여개

• 덮개돌 290×214×25~30cm

홈구멍(2003)

안성문화재공원(공도읍)에 조잡하게 만든 모형

위치: 인천광역시 강화군 양서면 교산리 산 108번지

특징

- 탁자식 고인돌
- 인천광역시 기념물
- 덮개돌 275×120×40㎝

109번 고인돌

교산리 고인돌군 전경

강화 부근리 고인돌

위치: 인천광역시 강화군 하점면 부근리 317번지

특징

- 탁자식 고인돌
- 사적
- 덮개돌 640×523×112㎝

앞면

굄돌만 남겨진 고인돌

강화 점골 고인돌

위치: 인천광역시 강화군 하점면 부근리 74-3번지

특징

• 탁자식 고인돌

• 인천광역시 기념물

• 덮개돌 428×370×65㎝

정면

복원 전 모습(2007년 촬영)

강화 대신리 고인돌

위치: 인천광역시 강화군 강화읍 대신리 1189번지

특징

• 탁자식 고인돌

• 인천광역시 기념물

• 덮개돌 388×260×50㎝

전경

옆면

강화 천곡(신삼리) 고인돌

위치: 인천광역시 하점면 삼거리 524-2번지

특징

• 탁자식 고인돌

• 인천광역시 기념물

• 덮개돌 390×260×40㎝

앞모습

덮개돌을 깨어내려던 흔적

위치: 인천광역시 강화군 하점면 삼거리 산121번지

특징

• 탁자식 고인돌

• 인천광역시 기념물

• 덮개돌 320×230×35㎝

삼거리 고인돌군의 여러 모습

위치: 인천광역시 강화군 내가면 고천리 산115번지(고천리 81번 고인돌)

특징

- 탁자식 고인돌
- 인천광역시 기념물
- 고려산 능선 위에 10 여기와 함께 분포
- 덮개돌 290×190×20㎝

69번 고인돌

77번 고인돌

위치: 인천광역시 강화군 내가면 오상리 산125번지

특징

- 탁자식 고인돌
- 인천광역시 기념물
- 덮개돌 370×335×50㎝

복원된 고인돌

전경

위치: 인천광역시 서구 대곡동 산123번지 일대(E 지구 3호)

특징

• 탁자식 고인돌

• 인천광역시 기념물

• 덮개돌 300×180×55㎝

대곡동 A군 1호(2003년 촬영)

E지구 2~5호

연수 학익동 고인돌

위치: 인천광역시 연수구 청량로160번길 26, 인천광역시립박물관(옥련동)

　　　(원위치: 인천구치소 내)

특징

• 탁자식 고인돌

• 인천광역시 기념물

• 빗살무늬토기 조각, 돌화살촉, 돌칼 출토

• 덮개돌 270×170×60㎝

1호 옆면

2호 앞면

위치: 서울특별시 강동구 암사동 산36-8번지(현재 강일IC 진입에 이전 복원)

특징

- 개석식 고인돌(?)
- 덮개돌 200×70×50㎝

열악한 곳에 위치

제를 올린 흔적

4. 서울특별시 강동 고덕동 고인돌

위치: 서울특별시 강동구 고덕동 산94번지(2호)

특징

• 개석식 고인돌

• 덮개돌 220×140×30㎝

1호 고인돌

1·2호 위치 계단 1호(좌), 2호(우) 사람 주변

4. 서울특별시 구로 고척동 고인돌

위치: 서울특별시 구로구 고척동 산 12-1번지

특징

• 개석식 고인돌

• 덮개돌 190×105×28㎝

기울어진 고인돌

안내판과 보호 철책

4. 서울특별시 　강남 자곡동 고인돌

위치: 서울특별시 강남구 자곡동 산32번지

특징

• 개석식 고인돌

• 홈구멍 5개

• 덮개돌 180×120×10cm

전경

홈구멍이 있는 덮개돌

서산 둔당리 고인돌

위치: 충청남도 서산시 인지면 둔당리 189번지

특징

- 바둑판식 고인돌
- 충청남도 기념물
- 덮개돌 350×290×109㎝

옆면

전경

홍성 금국리 고인돌

위치: 충청남도 홍성군 금국리 산7번지

특징

• 탁자식 고인돌

• 충청남도 기념물

• 덮개돌 270×170×90㎝

전경

옆면

앞면

홍성 덕정리 고인돌

위치: 충청남도 홍성군 금마면 산143번지

특징

• 탁자식 고인돌

• 덮개돌 270×150×140cm

옆면

굄돌

덕정리 산41-2번지 고인돌

홍성 태봉리 고인돌

위치: 충청남도 홍성군 구항면 태봉리 389번지

특징

• 탁자식 고인돌

• 충청남도 기념물

• 덮개돌 380×310×110㎝

전경

옆면

뒤쪽

위치: 충청남도 홍성군 은하면 학산리 763번지

특징

• 탁자식 고인돌

• 충청남도 기념물, 덮개돌이 거북 형상을 하고 있음, 주변에서 무늬없는토기 조각, 돌끌 발견

• 덮개돌 220×200×50㎝

앞면

옆면

거북 형상을 한 덮개돌

보령 관창리 고인돌군

위치: 충청남도 보령시 주교면 관창리 335-1번지(1호)

특징

- 바둑판식 고인돌
- 덮개돌 310×240×200cm

2호 고인돌

1호(좌), 2호(우) 고인돌

보령 신대리 고인돌군

위치: 충청남도 보령시 주교면 신대리 474번지(8호, 폐가의 집 뒷뜰에 여러 기가 위치함)

특징

- 탁자식 고인돌
- 총 11기 위치
- 덮개돌 245×225×65㎝

7호 고인돌

9호 고인돌

보령 화산동 1·2지구 고인돌군

위치: 충청남도 보령시 화산동 646번지(1지구 1호)

특징

- 바둑판식 고인돌
- 총 9기 위치
- 덮개돌 200×130×120㎝

복원된 2지구 1호 고인돌

2지구 바둑판식 고인돌

5. 충청남도　보령 소송리 2지구 고인돌군

위치: 충청남도 보령시 남포면 소송리 234-3번지(8호)

특징

- 탁자식 고인돌
- 총 8기 위치
- 덮개돌 350×180×80㎝

앞면

덮개돌

보령 신흥리 3지구 고인돌군

위치: 충청남도 보령시 남포면 신흥리 219번지(묘) 2호

특징

- 개석식 고인돌
- 총 10여기
- 덮개돌 280×155×80㎝

무덤 조성으로 훼손된 모습

정상부 모습

보령 양기리 고인돌

위치: 충청남도 보령시 남포면 양기리 465-1번지(4지구, 1호 고인돌)

특징

- 바둑판식 고인돌
- 총 2기 위치
- 덮개돌 280×280×210cm

2호 고인돌

1호 고인돌 옆면

보령 월전리 고인돌군

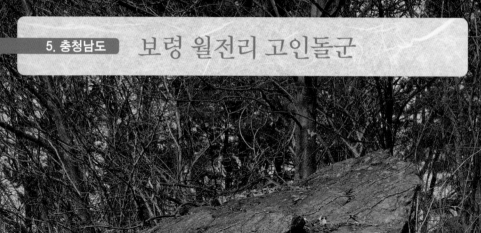

위치: 충청남도 보령시 남포면 월전리 203-11(임, 2호 고인돌)

특징

• 개석식 고인돌

• 총 7기 위치

• 덮개돌 240×195×40㎝

전경

1호 고인돌

4호 고인돌

5호 고인돌

보령 죽청리 감나무골 2지구 고인돌군

위치: 충청남도 보령시 웅천읍 죽청리 산155-1번지(1호 고인돌)

특징

• 바둑판식 고인돌(?)

• 덮개돌 340×260×170㎝

전경

2호 고인돌

보령 죽청리 감나무골 고인돌군

위치: 충청남도 보령시 웅천읍 죽청리 산155번지(5호)

특징

• 개석식 고인돌

• 덮개돌 300×205×110㎝

전경

1호 고인돌

위치: 충청남도 보령시 웅천읍 죽청리 362번지(1호 고인돌)

특징

• 탁자식 고인돌

• 충청남도 문화재자료, 총 12기

• 덮개돌 400×230×220㎝

전경

5호 고인돌

보령 죽청리 장터 2지구 고인돌

위치: 충청남도 보령시 웅천읍 죽청리 445-5번지(1호)

특징

- 바둑판식 고인돌(?)
- 덮개돌 315×210×120㎝

2호 고인돌

1호(좌), 2호(우) 고인돌

보령 노천리 고인돌군

위치: 충청남도 보령시 노천리 511-36 청룡공원

(원위치: 충청남도 보령시 웅천읍 노천리 397(田)-390(畓))

특징

• 탁자식 고인돌⑺

• 총 6기 위치

• 덮개돌 240×195×94㎝

구룡공원에 이전 복원

4호 고인돌

보령 창암리 남전마을 고인돌군

위치: 충청남도 보령시 주산면 창암리 73-1번지

특징

- 개석식 고인돌
- 총 2기
- 덮개돌 545×340×140㎝(우측)

1호 고인돌

전경

5. 충청남도 보령 금암리 고인돌군

위치: 충청남도 보령시 주산면 금암리 751-1번지

특징

• 바둑판식 고인돌

• 총 10기

• 덮개돌 298×220×100㎝

전경

9호 고인돌

5. 충청남도 부여 함양리 고인돌

위치: 충청남도 부여군 규암면 함양리 323번지
특징
• 개석식 고인돌
• 부여군 향토유적, 홈구멍 10개 정도
• 덮개돌 280×150×100㎝

전경

1호(좌)와 2호(우) 고인돌

5. 충청남도 · 부여 산직리 고인돌

위치: 충청남도 부여군 초촌면 산직리 562번지

특징

· 바둑판식 고인돌

· 충청남도 기념물

· 덮개돌 580×370×130cm

앞쪽

고인돌에서 바라본 주변 모습

위치: 충청남도 부여군 석성면 석성리 552번지

특징

• 개석식 고인돌

• 부여군 향토유적

• 덮개돌 350×220×55㎝

2호 고인돌

1호(좌) 2호(우) 고인돌

5. 충청남도 부여 북고리 고인돌군

위치: 충청남도 부여군 장암면 북고리 산9-3번지

특징

- 개석식 고인돌
- 부여군 향토유적
- 덮개돌 148×85×75㎝

2호와 3호 고인돌

4호 고인돌

부여 송암리 고인돌군

위치: 충청남도 부여군 남면 송암리 21-1번지

특징

• 개석식 고인돌

• 부여군 향토유적

• 덮개돌 290×140×100㎝

고인돌 전경

다양한 고인돌 모습

5. 충청남도 부여 내곡리 고인돌군

위치: 충청남도 부여군 남면 내곡리 215-31번지

특징

- 탁자식 고인돌
- 부여군 향토유적
- 덮개돌 346×244×150㎝

주변 고인돌

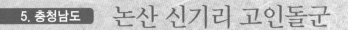

논산 신기리 고인돌군

위치: 충청남도 논산시 양촌면 신기리 340-2번지

특징

• 개석식 고인돌

• 충청남도 문화재자료, 간돌검, 돌화살촉 출토

• 덮개돌 400×220×130㎝

전경

개석식 고인돌

위치: 대전 유성구 대정로 34번지(한샘근린공원에 이전 복원)

특징

• 개석식 고인돌

• 대전광역시 문화재자료

• 덮개돌 280×180×30㎝

2호 고인돌

현재 남아 있는 2기

유성 교촌동 칠성당 고인돌

위치: 대전 유성구 교촌동 산7-1번지

특징

• 개석식 고인돌

• 대전광역시 문화재자료

• 덮개돌 7기 200cm 내외

전경

뒷쪽에서

유성 내동리 고인돌

위치: 대전광역시 유성구 유성대로 110-29번지(원위치: 대덕군 진잠면 내동리 산 9-1)

특징

• 바둑판식 3기, 탁자식 고인돌 1기

• 대전광역시 기념물, 사유지로 출입이 금지되어 있음

• 1호 덮개돌 325×186×?㎝

철조망 사이로 얼굴을 내민 두 기의 고인돌

제천 평동 고인돌

위치: 충청북도 제천시 백운면 평동로5길 46-39번지

특징

• 바둑판식 고인돌

• 굄돌 5매, 불탄돌

• 덮개돌 380×50~140×105㎝

발굴 전 모습(세종대박물관)

굄돌 모습(세종대박물관)

위치: 충청북도 제천시 청풍면 황석리(272(전), 충7호)

특징

- 개석식 고인돌
- 최초의 사람뼈 출토 유적, 곱은옥, 대롱옥, 소뼈 출토
- 덮개돌 120×120×20㎝

충7호 고인돌 사람뼈(충북대박물관, 1983)

충6호 고인돌(충북대박물관, 1983)

7. 충청북도 제천 방흥리 고인돌

위치: 충북대학교 박물관 앞(원위치: 충청북도 제천시 청풍면 방흥리 155-1번지)
특징
• 바둑판식 고인돌
• 붉은간토기 조각, 간돌검 등 출토
• 덮개돌 265×260×25㎝

윗면

홈구멍과 떼어내려 한 흔적

7. 충청북도 충주 조동리 고인돌

위치: 충청북도 충주시 동량면 조동리 1756번지

특징

• 바둑판식 고인돌

• 충청북도 기념물

• 덮개돌 450×350×100㎝

생활 속의 고인돌

옆면

7. 충청북도

음성 양덕리 고인돌

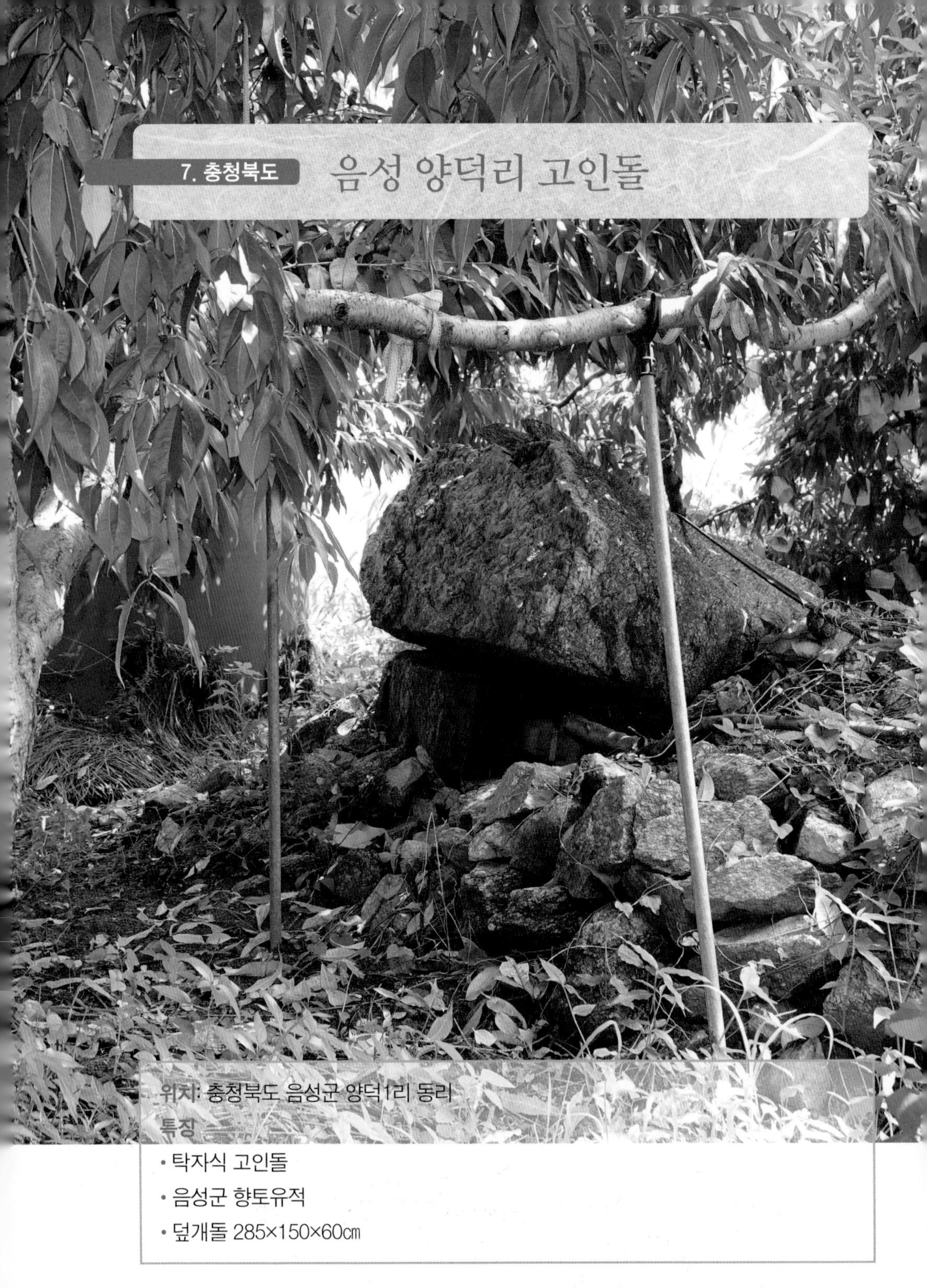

위치: 충청북도 음성군 양덕1리 동리

특징

- 탁자식 고인돌
- 음성군 향토유적
- 덮개돌 285×150×60㎝

옆면

양덕2리 양지울 고인돌(음성고속도로휴게소로 이전)

진천 용산리 고인돌

위치: 충청북도 진천군 초평면 용산리 794번지(용전1길 50, 2호)

특징

• 개석식 고인돌

• 덮개돌 225×190×50㎝

3호 고인돌

2호(우), 3호(좌)

증평 송정리 고인돌

위치: 충청북도 증평군 도안면 통미1길 32번지(송정2리)
특징

• 개석식 고인돌

• 증평군 향토유적

• 덮개돌 276×157×34㎝

옆면

전경

위치: 충청북도 괴산군 사리면 사담리 467번지

특징

• 개석식 고인돌
• 덮개돌 267×291×51㎝

전경

윗면

위치: 충청북도 괴산군 칠성면 도정리 212-5번지(5호 고인돌)

특징

• 개석식 고인돌

• 홈구멍 41개, 칠성바위 고인돌로 불림

• 덮개돌 285×150×40㎝

고인돌군 모습

약국 옆에 방치된 고인돌

위치: 충청북도 보은군 마로면 송현리 328번지

특징

• 개석식 고인돌

• 무덤 조성으로 위치 이동

• 덮개돌 390×230×138㎝

전경

농작물 속의 고인돌

위치: 충청북도 보은군 탄부면 구암리 443번지

특징

• 개석식 고인돌

• 가정집 장독대로 사용되고 있음

• 덮개돌 235×190×57㎝

방치된 고인돌

멸실 위기 고인돌

위치: 문의문화재단지(원위치: 충청북도 청주시 상당구 미원면 수산리 원미마을 길가)

특징

• 바둑판식 고인돌

• 청주시 향토기념물

• 덮개돌 240×120×70㎝

옆면

측면

청주 월오동 고인돌

위치: 충청북도 청주시 상당구 월오동 159-2번지

특징

- 묘역식, 탁자식, 바둑판식, 개석식 고인돌과 석축 제단 등
- 산사태로 묻혀있던 유적이 발굴로 드러남
- 석검 3점, 토기 3점, 화살촉 18점, 인골 3구 발굴

발굴 광경(2020.5)

복원된 모습(2023.5)

청주 가호리 아득이 고인돌

위치: 문의문화재단지(원위치: 충청북도 청주시 문의면 가호리 아득이마을)

특징

• 탁자식 고인돌

• 청주시 향토기념물, 홈구멍 246개, 출토된 돌판에 홈구멍 65개

• 덮개돌 304×275×55㎝

별자리가 새겨진 무덤방 출토 돌판(충북대학교박물관)

덮개돌 홈구멍

위치: 충청북도 옥천군 동이면 석탄리 685-2번지(원위치: 충청북도 옥천군 동이면 석탄리 944)
특징
- 탁자식 고인돌
- 충청북도 기념물, 빗살무늬토기, 붉은 흙, 얼굴 모양 예술품, 가락바퀴, 그물추 등
- 덮개돌 320×210×33~36㎝

옆면

주변 고인돌과 선돌

7. 충청북도 영동 원촌리 고인돌

위치: 충청북도 영동군 황간면 원촌리 195-2번지
특징
• 개석식 고인돌
• 덮개돌 260×210×30㎝

고인돌 원경

옆면을 다듬은 모습이 간결한 덮개돌

참고문헌

경기도박물관, 2007.『경기도 고인돌』.

국립나주문화재연구소, 2012.『한국 지석묘』.

국립문화재연구원, 2022.『한국고고학전문사전-청동기시대편-』증보판.

문화재청·서울대학교 박물관, 1999.『한국 지석묘(고인돌) 유적 종합 조사·연구(II)』

우장문, 2006.『경기지역의 고인돌 연구』, 학연문화사.

우장문·김영창·윤용완·임충식, 2012.『세계유산 강화 고인돌 탐방』, 강화군·고인돌
　　　사랑회.

유태용, 2003.『한국 지석묘 연구』, 주류성.

윤호필·이수홍·이제현·이동희, 2021.『영남의 지석묘 사회: 가야 선주민의 무덤』, 진
　　　인진.

이동희, 2023.『한국 지석묘 문화와 복합사회의 형성』, 학연문화사.

이영문, 2001.『고인돌 이야기』, 다지리.

이영문, 2004.『세계 문화유산 화순 고인돌』, 동북아지석묘연구소.

이영문·신경숙, 2006.『세계유산 고창 고인돌』, 고창군·동북아지석묘연구소.

이융조, 2006.『충북의 선사문화』, 충청북도·충북학연구소.

하문식외, 2015.『제천 평동·광암동 고인돌』, 제천시·세종대학교 박물관.

하문식, 2016.『고조선 사람들이 잠든 무덤』, 주류성.

하문식, 2021.『기전지역의 청동기시대 무덤 연구』, 주류성.

한국인이 꼭 알아야 할 K-**고인돌**

2023년 9월 15일 초판 1쇄 발행
지은이　임창준·우장문·최형일

펴낸이　권혁재

편　집　권이지
진　행　권순범
디자인　이정아

인　쇄　성광인쇄
펴낸곳　학연문화사
등　록　1988년 2월 26일 제2-501호
주　소　서울시 금천구 가산디지털1로 16 가산2차 SKV1AP타워 1415호

전　화　02-6223-2301
전　송　02-6223-2303
E-mail　hak7891@chol.com

ISBN　978-89-5508-496-2 (03910)